あるものだけで作れる平日ごはん

市瀬悦子

主婦の友社

ふだんのごはんを、
なるべく自分で作って食べることは
毎日を豊かにしてくれます

日々のごはん。
おうちで作ったものはちゃーんと手作りの味がする。
だから、どんなに手軽だって作った価値があるんだと思います。
手間ひまかけて完成させた特別な料理ももちろんおいしいけれど
そうじゃなくったって、日々のごはんのよさって必ずあるもの。

この本では、忙しい毎日に作っていただけたらと、
特別な食材や調味料は使わずに、シンプルな材料、シンプルな調味料、
シンプルな工程で手軽にできるメニューだけをご紹介しています。
たとえば「豚バラ肉とゆで卵の甘辛煮」（p.20）。
かたまり肉を使ってじっくり煮込んで角煮を作るのは、
少し時間に余裕のある週末にとっておいて、
忙しい平日は、薄切り肉とゆで卵だけを使って、
パパッと作ってみるのはいかがでしょう。
また、だしをとらずに削り節と具材を一緒に煮て完成させる
「しめじと青菜のおかか煮びたし」（p.65）も、
短時間で風味豊かに仕上がり、おすすめです。
こんなぐあいに気楽に作れるメニューをたくさん紹介しています。

この本の中でお気に入りのレシピが見つかったら
おうちにある別の食材におきかえたり、
香辛料をプラスしたりとアレンジを加えてみてください。
そうしてみなさんのおうちの味がまたひとつふえたらいいな、と思います。

毎日のごはん作りのお役に立てたらうれしいです。

市瀬悦子

よく買う野菜、
日もちする食材、
使うのは
家にあるものだけ

家に常備しておけば日々の食事作りを助けてくれる、
便利で優秀な食材があります。
野菜なら、季節を問わずに出回って調理がしやすい
キャベツ、玉ねぎ、じゃがいも、にんじん……。
肉だったら、安くて使いがってのいい豚肉と鶏肉。
コンビニでも手に入るほど手軽な、
基礎調味料だけを使います。

フライパン1つ、
なべ1つの気軽さで
作れるものばかり

余裕のない平日のごはん作りは、
調理方法や作り方をひと工夫。
1つのなべやフライパンで仕上げたり、
ほったらかしでできるように工程を少なくしたり。
使う食材も2〜3種以内に厳選して、少ない調味料で作ります。
洗い物も少ないので、調理後も疲れません。

買いおき食材を
活用すれば、
調理の幅が広がります

限られた食材と調味料だけで作るのに
味わい深くて飽きない料理にする秘密は、
買いおきに向く、お助け食材を使うこと。
長期保存ができるうまみたっぷりの缶詰や、
ハム、ウインナなどの味出しになる肉加工品、
漬け物や粉チーズ、乾物などを上手に活用することで、
味に奥行きが生まれます。

Contents

Part1_

特別な買い物いらずの

主菜

[豚こまぎれ肉で]

豚こまとパプリカの甘ポンいため ………… 12

豚こまのチーズしょうが焼き ……………… 14

豚こまとなすのカレートマト煮 …………… 15

豚こまステーキ ……………………………… 16

豚こまのわかめいため ……………………… 17

[豚バラ薄切り肉で]

豚バラ肉とゆで卵の甘辛煮 ………………… 20

豚バラ肉となすの重ね蒸し
　中華ピリ辛だれ ………………………… 22

豚バラ肉ときゅうりのオイスターいため … 24

豚バラのレモンねぎ塩焼き肉 ……………… 25

豚バラ肉とキャベツのワンパン蒸し ……… 26

水菜の肉巻き めんつゆバターソース …… 27

[豚ひき肉で]

なすの和風みそマーボー …………………… 30

ひき肉とレタスの塩こぶいため ………… 32

豚つくねと大根のしょうゆ煮 …………… 33

ブロッコリーの中華塩そぼろいため …… 34

とろとろ卵のケチャップミートソース …… 35

[鶏もも肉で]

ビネガーじょうゆ照り焼きチキン ………… 38

鶏肉とじゃがいものトマト蒸し ………… 40

ねぎ塩ほろほろゆで鶏 …………………… 41

鶏肉とピーマンのマヨしょうゆいため … 42

鶏肉とにんじんのうまみそ煮 …………… 43

[鶏胸肉で]

和風フライドチキン ………………………… 46

蒸し鶏ときゅうりの梅ナムル …………… 48

のり塩ポテトチキンいため ……………… 50

鶏肉ときのこの中華うま煮 ……………… 51

鶏肉のみそマヨづけ焼き ………………… 52

チキンピカタ ……………………………… 53

Part 2_
あっという間にできる
副菜

[火を使わずに]

紫キャベツのレモンじょうゆマリネ ……… 58

レタスのごましらすのっけ ……… 59

とうふのねぎチーズまみれ ……… 59

ねぎハム ……… 60

じゃことセロリのわかめサラダ ……… 60

[電子レンジで]

きのこのレンジマリネ ……… 61

中華蒸しなす ……… 62

コンソメポテマヨ ……… 62

たらこバターにんじん ……… 63

[フライパン・なべ1つで]

キャベツのアボカドあえ ……… 64

にんじんのナッツきんぴら ……… 65

しめじと青菜のおかか煮びたし ……… 65

ブロッコリーののりごまあえ ……… 66

トマトとはるさめの中華サラダ ……… 66

ボイルドベーコンのホットサラダ ……… 67

Part 3_
ときには平日
めんだけ、丼だけ

[あえるだけパスタ]

豚バラときのこ、
　トマトのめんつゆパスタ …………… 70
さば缶と水菜のごまポンパスタ ………… 72
ツナとポテト、ブロッコリーの
　和風パスタ ……………………………… 73

[のっけうどん]

バタポンチキンのっけうどん ………… 74
冷製豆乳つゆの豚こまキムチうどん …… 75
とろとろかに玉のぶっかけうどん ……… 76

[のっけ丼]

鶏肉とにらのたれだくチャンプルー丼 …… 77
ミニトマ牛丼 ……………………………… 78
ひき肉ともやしのケチャポンライス ……… 79

Part 4_
さっと作れる
ごほうび
つまみ

ねぎモッツァレラ ………………………… 82
小松菜とくずしどうふのチャンプルー …… 83
ちくわの甘辛マヨいため ………………… 84
豆苗チヂミ ………………………………… 85
エリンギのアヒージョ …………………… 86
焼きかま …………………………………… 87
まぐろのユッケ風 ………………………… 87

Column
疲れていてもこれなら作れる 夜遅めん

釜あげ赤しそチーズパスタ	**80**
にらだれうどん	**80**

かんたんだから つまみ献立

居酒屋風

油揚げの和風ピザ	**88**
やみつきキャベツ	**88**
手羽のマーマレード焼き	**88**
かまぼこと三つ葉のわさびじょうゆ	**88**

バル風

ソーセージのレモンいため	**90**
オニオンステーキ	**90**
デビルドエッグ	**90**
生ハムの野菜ロール	**90**

韓国風

アボカドの韓国のり巻き	**92**
ささ身チップス	**92**
納豆キムチ卵いため	**92**
韓国風とうふサラダ	**92**

\ きょう何作る? /
家にあるもので作れるおかずリスト ……… **94**

この本の使い方

- 小さじ1＝5ml、大さじ1＝15ml、
  1カップ＝200mlです。

- だしは、こぶと削り節でとったものです。
  市販の和風だしのもとを使う場合は、
  塩分が添加されていることが多いので、
  味をみて調整してください。

- 火かげんは特に表記のないかぎり、
  中火で調理してください。

- レシピ上、野菜を「洗う」「皮をむく」
  「へたをとる」などの作業は省略してあります。
  特に表記のない場合、それらの作業を
  すませてからの手順を説明しています。

- 小麦粉は特に指示のない場合、薄力粉です。

- フライパンはフッ素樹脂加工のものを使用しています。

- 電子レンジの加熱時間は600Wの場合の目安です。
  500Wの場合は、1.2倍にします。
  オーブントースターの加熱時間は1000Wの場合の
  目安です。機種によって加熱時間に多少の差が
  あるので、様子を見てかげんしてください。

- 調理時間は下ごしらえから料理の完成までの
  所要時間です。個人差がありますので、
  目安にしてください。

Part 1_

特別な
買い物いらずの
主菜

定番の肉と組み合わせて、
調理しやすくて食べごたえのある
おかずを作る

ふだん使いの肉といえば、豚肉と鶏肉。そのなかでも使いやすい部位を厳選し、
家に常備している食材と組み合わせて作れるメインおかずを集めました。
レシピで使用する食材、調味料の数もできるだけ少なく抑え、
下ごしらえの手間を最小限にし、手順もシンプルに。
ボリューム感があってしっかりおいしくて、
「作ってよかった」と思えるおかずを目ざしました。
あとはごはんやパンを準備すれば立派なごはんが完成します。
気持ちや時間に余裕があるときは、
かんたんな汁物や、56ページから紹介している副菜と組み合わせてみてください。

［ 豚こまぎれ肉で ］ p.12

［ 豚バラ薄切り肉で ］ p.20

［ 豚ひき肉で ］ p.30

［ 鶏もも肉で ］ p.38

［ 鶏胸肉で ］ p.46

Recipe
01

[豚こまぎれ肉で]

豚こまとパプリカの甘ポンいため

豚こまを多めの油でカリッと香ばしく焼き上げ、ごちそう感をアップ。照りがよくしっかり味で、ごはんに合うおかずです。

⏱ フライパンで _ 10分

材料（2人分）
<u>豚こまぎれ肉</u>…200g
<u>パプリカ</u>（赤）…1個
塩、こしょう…各少々
かたくり粉…大さじ1
A ｜ ポン酢しょうゆ…大さじ2
　｜ 砂糖…大さじ½
いり白ごま…大さじ½
サラダ油…大さじ3

1 下ごしらえをする
パプリカは一口大に切る。豚肉は塩、こしょう、かたくり粉を順に振る。Aはまぜ合わせる。

2 豚肉を焼く
フライパンにサラダ油を熱し、豚肉を入れ、両面に軽く焼き色がついてカリッとするまで2分ほど焼く（a）。

3 パプリカを加え、調味する
パプリカを加えてさっといためる。余分な脂をキッチンペーパーでふき、Aを加えていため、味をからめる（b）。ごまを加え、さっとまぜる。

a

b

Part1 _ 特別な買い物いらずの主菜　13

Recipe 02

豚こまのチーズしょうが焼き

とろ〜りチーズがからんで、
いつものおかずがワンランクアップ。
キャベツにもたれがなじんで、たっぷりと食べられます。

フライパンで_10分　作り方はp.18

Recipe 03

豚こまとなすのカレートマト煮

定番のトマト煮に、カレーのスパイシーな香りをプラス。
豚のうまみがしみ出た煮汁を、なすがしっかり受け止めます。

フライパンで_30分　作り方は p.18

Recipe 04

豚こまステーキ

豚こまをギュギュッとまとめて、食べごたえ満点のステーキに。
厚切り肉よりも安いうえに、やわらか＆ジューシー！
肉だねはやわらかいので、ラップを使って成形します。

フライパンで _ 15分　作り方は p.19

Recipe 05

豚こまのわかめいため

わかめの独特の歯ごたえと磯の風味が加わって、
シンプルながらもやみつきのおいしさ。
もちろんわかめは、生や塩蔵でもOKです。

フライパンで_15分　作り方は p.19

Recipe
02

豚こまの
チーズしょうが焼き

材料（2人分）
<u>豚こまぎれ肉</u>…250g
<u>スライスチーズ</u>（とけるタイプ）…2枚
<u>キャベツ</u>…2枚
かたくり粉…小さじ1
A│ しょうがのすりおろし…1かけ分
 │ しょうゆ…大さじ1½
 │ 酒、みりん…各大さじ1
サラダ油…大さじ½

1　下ごしらえをする
キャベツはせん切りにし、器に盛る。豚肉はかたくり粉をざっと振る。Aはまぜ合わせる。

2　豚肉をいため、調味する
フライパンにサラダ油を熱し、豚肉をこんがりと焼き色がつくまでいためる。Aを加え、照りよくからめる。

3　チーズを余熱でとかす
チーズをのせ、ふたをして火を止める。チーズがとけたらキャベツにのせる。

Recipe
03

豚こまとなすの
カレートマト煮

材料（2人分）
<u>豚こまぎれ肉</u>…250g
<u>なす</u>…3個（240g）
塩、こしょう…各少々
小麦粉…小さじ1
カレー粉…大さじ½
A│ トマト缶（ホール）…1缶（400g）
 │ はちみつ…大さじ1
 │ 塩…小さじ½
 │ 水…¾カップ
オリーブ油…大さじ2½

1　下ごしらえをする
なすは1cm厚さの輪切りにする。豚肉は塩、こしょうを振り、小麦粉をざっと振る。

2　なすを蒸し、豚肉をいためる
フライパンになすを入れ、オリーブ油大さじ2を加えてからめる。ふたをして火にかけ、2分ほど蒸す。ふたをとってなすをフライパンの端に寄せ、あいたところにオリーブ油大さじ½を入れ、豚肉をいためる。

3　いためて煮る
肉の色が変わったらカレー粉を加え、粉っぽさがなくなるまでいため合わせる。Aを加え、木べらでトマトをくずしながらまぜる。煮立ったら弱めの中火にし、ときどきまぜながら15分ほど煮る。好みでごはんにかけても。

Recipe
04
豚こまステーキ

材料（2人分）
豚こまぎれ肉…250g
A ┃ とき卵…1個分
　┃ 小麦粉…大さじ1½
　┃ 塩…小さじ¼
　┃ あらびき黒こしょう…少々
小麦粉…小さじ1
B ┃ バター…15g
　┃ しょうゆ…小さじ2
サラダ油…大さじ½

1 下ごしらえをする
ボウルに豚肉、Aを入れ、にぎるようにもみ込みながら、ねばりが出るまでまぜる。2等分し、ラップを敷いたまないたにのせ、1.5cm厚さのだ円に形をととのえる。上面に小麦粉の半量を茶こしで振る。

2 焼く
フライパンにサラダ油を熱し、豚肉をラップごと引き上げていったん手のひらにのせ、小麦粉を振った面を下にして入れる。上面に残りの小麦粉を振り、こんがりと焼き色がつくまで3分ほど焼く。上下を返し、弱火にして3分ほど焼き、器に盛る。

3 ソースを作ってかける
同じフライパンにBを入れて煮立て、2にかける。好みでベビーリーフを添えても。

Recipe
05
豚こまの
わかめいため

材料（2人分）
豚こまぎれ肉…150g
カットわかめ（乾燥）…10g
小松菜…½束（100g）
A ┃ 酒…大さじ1
　┃ かたくり粉…小さじ1
　┃ 塩…少々
塩…小さじ¼
しょうゆ…大さじ½
サラダ油…大さじ½

1 下ごしらえをする
わかめはたっぷりの水に5分ほどひたしてもどし、水けをしぼる。小松菜は5cm長さに切る。豚肉はAをもみ込む。

2 いためる
フライパンにサラダ油を熱し、豚肉を色が変わるまでいためる。小松菜を加え、しんなりするまでいため、わかめを加えてさっといためる。

3 調味する
塩、しょうゆを加え、さっといため合わせる。

Part1 _ 特別な買い物いらずの主菜　19

［豚バラ薄切り肉で］

Recipe
06

豚バラ肉とゆで卵の甘辛煮

豚バラ薄切り肉は切らずに長いまま加え、ゆで卵はあと入れに。
手軽に角煮風のおいしさが味わえます。

⏱ なべで_20分

材料（2人分）
豚バラ薄切り肉…200g
ゆで卵…3個
A | しょうゆ…大さじ2½
  | 砂糖、みりん…各大さじ1
  | 水…1カップ

1 下ごしらえをする
ゆで卵は殻をむく。

2 豚肉を煮る
なべにAをまぜて火にかけ、煮立ったら豚肉を入れる（a）。再び煮立ったら弱めの中火にし、ときどき大きくまぜながら10分ほど煮る。

3 ゆで卵を加え、煮る
ゆで卵を加え（b）、卵を転がしながら2分ほど煮る。卵は好みで半分に切り、肉とともに器に盛る。

Recipe
07

豚バラ肉となすの重ね蒸し 中華ピリ辛だれ

重ねて蒸すことで、豚バラの強いうまみをなすに移して。
豆板醤の辛みをきかせた濃厚だれで、箸がどんどんすすみます。

フライパンで_15分

材料（2人分）
豚バラ薄切り肉…150g
なす…3個（240g）
塩…小さじ¼
あらびき黒こしょう…少々
A | しょうゆ…小さじ2
  | 砂糖、酢、ごま油…各小さじ1
  | 豆板醤…小さじ¼

1 下ごしらえをする
なすは6～7mm厚さの斜め切りにする。豚肉は6～7cm長さに切り、塩、こしょうを振る。Aはまぜ合わせる。

2 蒸す
フライパンになす、豚肉を順に重ね入れ、水大さじ2を振り、ふたをする（a）。火にかけ、6分ほど蒸す。

3 まぜる
ふたをとり、全体をざっくりとまぜる（b）。器に盛り、Aをかける。

a

b

Part1 _ 特別な買い物いらずの主菜　23

Recipe
08

豚バラ肉ときゅうりの
オイスターいため

さっぱりとクセのないきゅうりに、コクのある豚バラが好相性。
生とは違う、火を通したきゅうりの食感が楽しいひと皿です。

フライパンで＿15分　作り方は p.28

Recipe 09

豚バラのレモンねぎ塩焼き肉

こんがりと焼いた豚バラを、ねぎとレモンでさっぱりと。
白いごはんにも、お酒にもよく合います。

フライパンで_10分　作り方はp.28

Part1 _ 特別な買い物いらずの主菜　25

Recipe 10

豚バラ肉とキャベツの ワンパン蒸し

少ない水分で蒸すから、肉とキャベツのうまみがギュッ！
さわやかなごまポン酢をかければ、もりもり食べられます。

フライパンで 15分　作り方はp.29

Recipe 11

水菜の肉巻き
めんつゆバターソース

生でも食べられる野菜を巻けば、スピーディーに仕上がります。
水菜のシャキシャキとした食感をコクうまソースで楽しんで。

フライパンで _ 20分　作り方は p.29

Recipe
08
豚バラ肉ときゅうりの
オイスターいため

材料（2人分）
豚バラ薄切り肉…150g
きゅうり…3本
にんにく…1かけ
赤とうがらし…1本
塩…少々
A ┃ オイスターソース…大さじ1
　 ┃ しょうゆ、酒…各小さじ1
　 ┃ あらびき黒こしょう…少々
ごま油…小さじ1

1 下ごしらえをする

きゅうりは一口大の乱切りにし、にんにくは薄切りにする。赤とうがらしは種を除く。豚肉は6～7cm長さに切り、塩を振る。Aはまぜ合わせる。

2 いためる

フライパンにごま油、にんにく、赤とうがらしを入れて熱し、香りが立ったら豚肉を加えていためる。肉に少し焼き色がついたらきゅうりを加え、きゅうりの角が少し丸くなるまでいためる。

3 調味する

Aを加え、さっといため合わせる。好みでごはんとともに器に盛り、あれば味つきザーサイを添えても。

Recipe
09
豚バラの
レモンねぎ塩焼き肉

材料（2人分）
豚バラ薄切り肉…200g
ねぎ…½本
レモン（国産）…½個
塩…小さじ⅓
あらびき黒こしょう…少々
サラダ油…小さじ1

1 ねぎとレモンをまぜる

ねぎは縦半分に切って斜め薄切りにし、冷水にさらしてパリッとさせ、水けをしっかりときる。レモンは皮をよく洗い、薄い半月切りにし、ねぎに加えてざっとまぜる。

2 豚肉の下ごしらえをする

豚肉は長さを半分に切り、塩、こしょうを振る。

3 焼く

フライパンにサラダ油を強めの中火で熱し、豚肉を広げ入れ、こんがりと焼き色がつくまで焼く。上下を返し、さっと焼く。器に盛り、1をのせる。

Recipe
10

豚バラ肉とキャベツの
ワンパン蒸し

材料（2人分）
豚バラ薄切り肉…150ｇ
キャベツ…大¼個（約300ｇ）
塩…小さじ¼
あらびき黒こしょう…少々
A ｜ ポン酢しょうゆ…大さじ２
　 ｜ すり白ごま…大さじ１

1 下ごしらえをする
キャベツは大きめの一口大に切る。豚肉は６〜７㎝長さに切り、塩、こしょうを振る。Ａはまぜ合わせる。

2 蒸す
フライパンにキャベツ、豚肉の順に半量ずつ重ねる作業をくり返す。水大さじ２をフライパンのふちから回し入れ、ふたをして火にかけ、６分ほど蒸す。

3 まぜる
ふたをとり、ざっくりとまぜる。器に盛り、Ａをかける。

Recipe
11

水菜の肉巻き
めんつゆバターソース

材料（2人分）
豚バラ薄切り肉…９枚
水菜…½束（100ｇ）
塩、こしょう…各少々
A ｜ バター…10ｇ
　 ｜ めんつゆ（３倍濃縮）…大さじ２
サラダ油…小さじ１

1 下ごしらえをする
水菜は長さを３等分に切る。豚肉は３枚一組にし、少しずつ重なるように縦に並べ、塩、こしょうを振る。手前に水菜を⅓量のせ、きつめに巻く。残りも同様に巻く。

2 蒸し焼きにする
フライパンにサラダ油を熱し、１を巻き終わりを下にして並べる。こんがりと焼き色がついたら上下を返し、余分な脂をキッチンペーパーでふく。水大さじ２を振ってふたをし、弱めの中火にして５分ほど蒸し焼きにする。

3 調味する
ふたをとってＡを加え、バターをとかしながら照りよくからめる。食べやすく切って器に盛り、フライパンに残ったソースをかける。

Part1＿特別な買い物いらずの主菜

[豚ひき肉で]

Recipe
12

なすの和風みそマーボー

なすは薄く切って蒸し焼きにすることで、すばやく火が通ります。やわらかくなったなすに、みそやしょうゆで味つけしたマーボー味がとろりとよくからんで、まちがいないおいしさです。

⏱ フライパンで＿15分

材料（2人分）
豚ひき肉…120g
なす…3個（240g）
A ┃ 酒…大さじ2
　 ┃ みそ…大さじ1
　 ┃ 砂糖、かたくり粉…各大さじ½
　 ┃ 豆板醤、しょうゆ…各小さじ1
　 ┃ 水…¾カップ
サラダ油…大さじ2

1　下ごしらえをする
なすは縦半分に切り、1cm厚さの斜め切りにする。Aはまぜ合わせる。

2　なすを蒸し焼きにする
フライパンになすを入れてサラダ油を回し入れ、ざっくりとまぜてからめる。ふたをして火にかけ、4分ほど蒸し焼きにする（a）。

3　ひき肉をいため、調味する
ふたをとり、なすをフライパンの端に寄せ、あいたところにひき肉を入れ（b）、色が変わるまでいためる。Aを再びまぜてから加え（c）、まぜながらとろみがつくまで煮る。

a

b

c

Part1＿特別な買い物いらずの主菜　31

Recipe
13

ひき肉とレタスの塩こぶいため

ひき肉はかたまりを残して食べごたえを出し、
火の通りが早くて味しみのよいレタスと合わせます。
シャキシャキ感と塩こぶのうまみで、味わい豊かに。

フライパンで＿10分　作り方は p.36

豚つくねと大根のしょうゆ煮

大根は薄切にすれば、短時間煮込みでも味がしみしみ。
豚つくねのうまみもしみ渡り、おなかも大満足です。

Recipe 14

なべで_30分　作り方は p.36

Part 1 _ 特別な買い物いらずの主菜　33

Recipe 15

ブロッコリーの中華塩そぼろいため

にんにくの風味ととうがらしの辛みをきかせます。
味つけはシンプルなのに、クセになる味わい。
ブロッコリーを先に蒸し、そのまま一気に仕上げて完成です。

🕐 フライパンで＿15分　　作り方は p.37

Recipe 16

とろとろ卵の
ケチャップミートソース

とろとろ半熟状の卵に、簡単ミートソースをたっぷりかけて。
返したり包んだりせずに、オムレツ風おかずが作れます。
ごはんにかけてもいいし、パンにつけても絶品です。

フライパンで _ 15分　　作り方は p.37

Part1 _ 特別な買い物いらずの主菜　35

Recipe

13

ひき肉とレタスの塩こぶいため

材料（2人分）

豚ひき肉…200g
レタス…1個（300g）
塩こぶ…15g
みりん…大さじ1
塩…小さじ⅓
サラダ油…大さじ½

1 下ごしらえをする

レタスは大きめの一口大にちぎる。

2 焼きつけていためる

フライパンにサラダ油を熱し、ひき肉を入れて3分ほど焼きつける。こんがりと焼き色がついたらあらくほぐし、肉の色が変わるまでいためる。

3 いため合わせる

レタス、塩こぶ、みりん、塩を加え、レタスがしんなりとするまでいため合わせる。

Recipe

14

豚つくねと大根のしょうゆ煮

材料（2人分）

豚ひき肉…200g
大根…大¼本（300g）
ねぎ…½本

A｜酒…大さじ2
　｜ごま油…大さじ1
　｜かたくり粉…大さじ½
　｜塩…ひとつまみ

B｜だし…1½カップ
　｜しょうゆ、みりん…各大さじ2

1 下ごしらえをする

大根は薄い半月切りにする。ねぎはあらみじんに切る。ボウルにひき肉、A、ねぎを入れ、ねばりが出るまでねりまぜる。

2 肉だねを煮る

なべにBを入れて煮立て、肉だねをスプーン2本を使って大きめの一口大にまとめて加える。ときどき大きくまぜながら2〜3分煮る。

3 大根を加えて煮る

つくね全体の色が変わったら大根を加え、弱めの中火にし、ときどき大きくまぜながら15分ほど煮る。

Recipe
15

ブロッコリーの中華塩そぼろいため

材料（2人分）
豚ひき肉…200g
ブロッコリー…小1個（200g）
にんにくのみじん切り…1かけ分
赤とうがらし…1本
A｜酒…大さじ1
　｜塩…小さじ½
ごま油…小さじ1

1 下ごしらえをする
ブロッコリーは小房に分け、軸は皮を厚めにむいて1cm厚さに切る。赤とうがらしは種を除く。

2 ブロッコリーを蒸す
フライパンにブロッコリーを広げ入れ、水⅓カップを加える。ふたをして火にかけ、4分ほど蒸す。

3 いためる
ふたをとり、水けがあればそのまま熱してとばす。ブロッコリーをフライパンの端に寄せ、あいたところにごま油、にんにく、赤とうがらしを入れる。香りが立ったらひき肉を加え、ほぐしながらいためる。肉の色が変わったらAを加え、さっといため合わせる。

Recipe
16

とろとろ卵のケチャップミートソース

材料（2人分）
豚ひき肉…120g
卵…4個
塩、こしょう…各少々
A｜トマトケチャップ…大さじ2
　｜赤ワイン（または酒）、中濃ソース
　｜　…各大さじ1
小麦粉…小さじ1
サラダ油…大さじ2
バター…5g

1 下ごしらえをする
ボウルに卵を割りほぐし、塩、こしょうを加えてまぜる。Aはまぜ合わせる。

2 卵液を半熟状に焼く
フライパンにサラダ油を強めの中火で熱し、卵液を流し入れる。大きくまぜ、半熟状になったら器に盛る。

3 ひき肉をいためる
同じフライパンを熱してひき肉を入れ、ほぐしながらいためる。肉の色が変わったら小麦粉を振り入れてさっといため、バター、Aを加え、全体になじむまでいためる。2にかけ、好みで粉チーズを振る。

[鶏もも肉で]

Recipe
17

ビネガーじょうゆ照り焼きチキン

酢を加えることで、さっぱりとしたあと味と、深いコクが生まれます。
鶏肉は皮目をしっかりと焼き、香ばしさを引き出して。
鶏もも肉さえあれば完成する、覚えておきたいレシピです。

フライパンで _ 15分

材料（2人分）
鶏もも肉…小2枚（400g）
A │ しょうゆ、酢、みりん…各大さじ2
　 │ 砂糖…大さじ½
サラダ油…小さじ1

1 下ごしらえをする
鶏肉は余分な脂肪をとる。Aはまぜ合わせる。

2 焼く
フライパンにサラダ油を熱し、鶏肉の皮目を下にして入れ、5分ほど焼く。途中、脂が出てきたら、キッチンペーパーでふく。こんがりと焼き色がついたら上下を返し、ふたをする（a）。弱火にし、3分ほど蒸し焼きにする。

3 調味する
余分な脂をキッチンペーパーでふき、Aを加える。強火にし、肉を返しながら照りよくからめる（b）。食べやすく切って器に盛り、好みでざく切りにした水菜を添えても。

Part1_特別な買い物いらずの主菜 39

鶏肉とじゃがいものトマト蒸し

フライパンに食材を重ねて火にかけたら、あとはほったらかしで完成する洋風メニュー。バターのコクが、塩、こしょうのシンプル味を引き立てます。

Recipe 18

フライパンで _ 15分　作り方は p.44

Recipe 19

ねぎ塩ほろほろゆで鶏

切らずにゆでて、しっとりとやわらかくなったもも肉を、
ねぎたっぷりの塩だれで。2種の食材だけで作れるうえ、
ゆでる間は手があくので、もう一品作る余裕が生まれます。

なべで＿40分　　作り方は p.44

Recipe 20

鶏肉とピーマンの マヨしょうゆいため

ピーマンは気楽に大きくざくざく切ってくださいね。
鮮やかな緑が映えて、見た目にも食欲をそそります。
しょうゆの香ばしさとマヨネーズのコクが相まって、まさに口福!

フライパンで＿15分　作り方は p.45

Recipe
21 鶏肉とにんじんのうまみそ煮

鶏肉のうまみ、にんじんの甘み、みそのコクが
重なり合うしっかり味。
白いごはんが欲しくなるおかずです。

なべで_30分　作り方はp.45

Part 1 _ 特別な買い物いらずの主菜　43

Recipe
18
鶏肉とじゃがいもの トマト蒸し

材料（2人分）

鶏もも肉…1枚（250g）
じゃがいも…2個（250g）
ミニトマト…12個
ローリエ（あれば）…1枚
塩…適量
あらびき黒こしょう…少々
バター…15g

1 下ごしらえをする
じゃがいもは5mm厚さの半月切りにして水にさっとさらし、水けをきる。鶏肉は余分な脂肪をとって一口大に切り、塩小さじ½、こしょうを振る。

2 蒸す
フライパンにじゃがいも、鶏肉を順に重ね入れ、ミニトマトを散らす。水½カップを加え、バター、ローリエをのせる。強火にかけ、煮立ったらふたをして弱めの中火にし、8分ほど蒸す。

3 まぜる
ふたをとり、塩少々を振ってざっとまぜる。

Recipe
19
ねぎ塩 ほろほろゆで鶏

材料（2人分）

鶏もも肉…大1枚（350g）
ねぎ…小1本
塩…小さじ1
A ｜ ごま油…大さじ2
　｜ レモン汁…大さじ1
　｜ 塩…小さじ⅓

1 下ごしらえをする
鶏肉は余分な脂肪をとって筋を切り、塩をすり込む。ねぎは青い部分を切り落とす。白い部分はあらみじんに切り、Aを加えてまぜ、たれを作る。

2 ゆでる
なべに鶏肉、水4カップ、ねぎの青い部分を入れて強火にかける。煮立ったらアクをとってキッチンペーパーをかぶせ、弱火で15分、鶏肉の上下を返して15分ほどゆでる。

3 切る
鶏肉を食べやすく切って器に盛り、たれをかける。

Recipe
20

鶏肉とピーマンの
マヨしょうゆいため

材料（2人分）
鶏もも肉…大1枚（300g）
ピーマン…4個
塩…小さじ¼
A │ にんにくのすりおろし…小さじ¼
　│ マヨネーズ…大さじ2
　│ しょうゆ…大さじ1½
サラダ油…大さじ½

1 下ごしらえをする
ピーマンは一口大に切る。鶏肉は余分な脂肪をとって一口大に切り、塩を振る。Aはまぜ合わせる。

2 焼いていためる
フライパンにサラダ油を熱し、鶏肉を皮目を下にして並べ、3～4分焼く。こんがりと焼き色がついたらピーマンを加え、肉に火が通るまで2～3分いためる。

3 調味する
Aを加え、さっといため合わせる。

Recipe
21

鶏肉とにんじんの
うまみそ煮

材料（2人分）
鶏もも肉…1枚（250g）
にんじん…2本（300g）
A │ 煮干し（あれば）…5尾
　│ にんにくのすりおろし…½かけ分
　│ みそ…大さじ3
　│ 砂糖…大さじ½
　│ 水…1カップ

1 下ごしらえをする
にんじんは長さを半分に切り、四～六つ割りにする。鶏肉は余分な脂肪をとり、四つに切る。

2 煮る
直径約18cmのなべにAをまぜ、鶏肉、にんじんを加えて火にかける。煮立ったら落としぶたをし、弱めの中火にして、途中一度大きくまぜ、20分ほど煮る。

3 煮詰める
落としぶたをとって強めの中火にし、大きくまぜながら5～6分煮詰める。

Part1 _ 特別な買い物いらずの主菜　45

[鶏胸肉で]

Recipe
22
和風フライドチキン

衣を厚めにしっかりとつけるので、胸肉がパサつかず、歯ごたえもカリカリッ！ 揚げたて、あつあつをどうぞ。

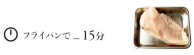

🕐 フライパンで＿15分

材料（2人分）
鶏胸肉…大1枚（300ｇ）
A ┃ しょうがのしぼり汁…大さじ½
　 ┃ めんつゆ（3倍濃縮）…大さじ2
　 ┃ 塩…ひとつまみ
とき卵…1個分
小麦粉…大さじ4
かたくり粉…適量
揚げ油…適量

1 下ごしらえをする
鶏肉は大きめの一口大のそぎ切りにする。

2 衣をつける
ボウルにAをまぜ、鶏肉を加えてもみ込む。とき卵、小麦粉を加え、粉っぽさがなくなるまでよくまぜる。バットにかたくり粉を入れ、鶏肉にしっかりとまぶす（a）。

3 揚げる
フライパンに揚げ油を2㎝深さまで入れ、170度に熱する。2を入れ、ときどき上下を返しながら4分ほど揚げる（b）。強火にし、1分ほど揚げて油をきる。器に盛り、好みでくし形に切ったレモンを添える。

Part1 _ 特別な買い物いらずの主菜　47

Recipe
23

蒸し鶏ときゅうりの梅ナムル

梅のさわやかな酸味とごま油の香りで、味に奥行きが出ます。
レンチン後、余熱で火を通すと胸肉もしっとり、ジューシー。

🕐 電子レンジで _ 10分　＊下味、余熱の時間は除く

材料（2人分）
鶏胸肉（厚さ3cm以内のもの）
　…1枚（250g）
きゅうり…2本
しょうがの皮…2かけ分
塩…小さじ¼
酒…大さじ1

A ｜ 梅肉…小さじ2
　｜ ごま油…大さじ1½
　｜ しょうゆ…小さじ1
　｜ 塩…少々

1　下ごしらえをする
鶏肉は皮目を下にして耐熱皿にのせ、塩をすり込み、室温に15分ほどおく。きゅうりはめん棒でたたき、食べやすい大きさに割る。

2　電子レンジで加熱する
鶏肉にしょうがの皮をのせて酒を振り、ふんわりとラップをかけ（a）、電子レンジで3分ほど加熱する。上下を返し、同様にラップをかけ、2分ほど加熱する。ラップをかけたまま15分ほどおき、余熱で中まで火を通す。

3　あえる
蒸し鶏を食べやすく切る。ボウルにAをまぜ、蒸し鶏、きゅうりを加えてあえる（b）。

a

b

Part1 _ 特別な買い物いらずの主菜　49

Recipe
24

のり塩ポテトチキンいため

やわらかな胸肉とほくほくポテトの共演！
青のりの風味を加えることで、目を見張るおいしさに。

🍳 フライパンで＿15分　　作り方はp.54

Recipe 25

鶏肉ときのこの中華うま煮

2種のきのこのうまみがギュッと詰まった一品。
胸肉に粉をまぶすと、とろみがついて煮汁もよくからみます。

なべで＿15分　作り方はp.54

Recipe
26

鶏肉のみそマヨづけ焼き

みそマヨが淡泊な胸肉にがっちりからみ、
言わずもがな、ごはんに最適。途中ですだちやレモンで
さっぱりと味を変えて楽しむのもおすすめ。

フライパンで _ 10分　＊下味の時間は除く　作り方は p.55

Recipe 27

チキンピカタ

胸肉に卵液をからめては焼く作業をくり返し、卵の衣をまとわせて。食べごたえが出るうえ、驚くほどしっとり仕上がります。彩りのいい野菜とどうぞ。

フライパンで_10分　作り方はp.55

Part 1 _ 特別な買い物いらずの主菜　53

Recipe 24

のり塩ポテトチキンいため

材料（2人分）
鶏胸肉…1枚（250ｇ）
じゃがいも…2個（250ｇ）
小麦粉…大さじ1
塩…小さじ½
青のり…小さじ½
一味とうがらし…少々
サラダ油…大さじ3

1 下ごしらえをする
じゃがいもは1㎝角の棒状に切る。鶏肉は1㎝厚さに切ってから細切りにし、小麦粉を振ってざっとまぶす。

2 いためる
フライパンにサラダ油を熱し、鶏肉を入れて色が変わるまでいためる。じゃがいもを加え、じゃがいもが透き通るまでさらにいためる。

3 調味する
塩、青のり、一味とうがらしを加え、さっといため合わせる。

Recipe 25

鶏肉ときのこの中華うま煮

材料（2人分）
鶏胸肉（皮なし）…小1枚（200ｇ）
まいたけ…1パック（100ｇ）
しいたけ…4個
かたくり粉…適量
A
　酒、オイスターソース…各大さじ2
　砂糖、しょうゆ…各小さじ1
　鶏ガラスープのもと…小さじ½
　ごま油…少々
　水…1½カップ

1 下ごしらえをする
まいたけは食べやすくほぐす。しいたけは半分に切る。鶏肉は一口大のそぎ切りにし、かたくり粉を薄くまぶす。

2 きのこを煮る
なべにAをまぜて火にかけ、煮立ったらまいたけ、しいたけを加える。再び煮立ったら弱めの中火にし、ときどき大きくまぜながら5分ほど煮る。

3 鶏肉を加えて煮る
鶏肉を加え、底から大きくまぜながら4〜5分煮る。

Recipe
26

鶏肉の
みそマヨづけ焼き

材料（2人分）

<u>鶏胸肉</u>（皮なし）…1枚（250g）
A ┃ みそ…大さじ2
　 ┃ マヨネーズ…大さじ2
サラダ油…小さじ1

1 下ごしらえをする

鶏肉は8等分の大きめのそぎ切りにする。ポリ袋にAをまぜ、鶏肉を加えてなじむまでもみ込む。空気を抜いて口を閉じ、冷蔵室で20分ほどつける。

2 焼く

フライパンにサラダ油を弱めの中火で熱し、鶏肉をたれを軽くぬぐって並べ入れ、2分ほど焼く。

3 蒸し焼きにする

こんがりと焼き色がついたら上下を返し、水大さじ1を振り、ふたをして弱火で2分ほど蒸し焼きにする。器に盛り、好みで半分に切ったすだちを添える。

Recipe
27

チキンピカタ

材料（2人分）

<u>鶏胸肉</u>（皮なし）…1枚（250g）
卵…2個
塩…小さじ⅓
こしょう…少々
小麦粉…適量
サラダ油…大さじ1

1 下ごしらえをする

鶏肉は厚みを半分に切り、1切れを3等分のそぎ切りにする。塩、こしょうを振り、小麦粉を薄くまぶす。ボウルに卵を割りほぐす。

2 焼く

フライパンにサラダ油を弱めの中火で熱し、鶏肉をとき卵にくぐらせて並べ入れる。1分30秒ほど焼き、卵が固まったら上下を返し、同様に焼く。鶏肉を残りのとき卵に再びからめて並べ入れ、両面をさっと焼く。これをとき卵がなくなるまでくり返す。

3 盛る

器に盛り、好みで輪切りにしたレモン、ベビーリーフを添える。あれば紫キャベツのレモンじょうゆマリネ（p.58）、ごはんとワンプレートに盛り合わせても。

Part1 _ 特別な買い物いらずの主菜　55

Part 2 _

あっという間に
できる
副菜

あと1品ほしいときは
ラクに作れる小さいおかずで、
満足度がぐんとアップ

身近な野菜や加工品などを使った、速攻で作れる副菜をご紹介します。
材料を切って盛るだけ、あえるだけ、電子レンジやフライパン、
なべでさっと火を通すだけで作れるので、
主菜と並行して作るときも、バタバタせずにスムーズに作業できます。
野菜がたっぷり食べられて食卓の彩りにもひと役買ってくれるものばかり。
コロッケやから揚げなど、スーパーのお惣菜に頼る日も、
栄養があってコスパもいい副菜を添えれば、満足度もアップします。

［ 火を使わずに ］ p.58

［ 電子レンジで ］ p.61

［ フライパン・なべ１つで ］ ... p.64

[火を使わずに]

Recipe 28　レモンのさわやかな香りがふわり
紫キャベツのレモンじょうゆマリネ

🕐 15分　📅 冷蔵室で_3〜4日

材料（作りやすい分量）

紫キャベツ…¼個（250ｇ）
塩…小さじ¼
A ┃ オリーブ油…大さじ2
　 ┃ レモン汁…小さじ2
　 ┃ しょうゆ…大さじ½
　 ┃ 塩…少々

1　紫キャベツはせん切りにする。ボウルに入れ、塩を加えてざっとまぜ、10分ほどおく。

2　キャベツの水けをしぼり、Aを加え、手でもむようにあえる。

Recipe **29** 2種の薬味で、風味豊かに

レタスの
ごましらすのっけ

⏱5分

材料（2人分）

<u>レタス</u>…4〜5枚（150g）
<u>しらす干し</u>…大さじ3
刻みのり、いり白ごま…各適量
ごま油、しょうゆ…各小さじ2

1 レタスは大きくちぎって細切りにし、器に盛る。

2 のり、しらす干し、ごまをのせ、ごま油、しょうゆを回しかける。

Recipe **30** やっこが一気に洋風テイストに

とうふの
ねぎチーズまみれ

⏱5分

材料（2人分）

<u>絹ごしどうふ</u>…1丁（300g）
<u>万能ねぎ</u>…7本
A ┃ 粉チーズ…大さじ2
　 ┃ あらびき黒しょう…適量
ごま油、しょうゆ…各小さじ2

1 とうふはキッチンペーパーで水けをふき、横半分、縦に7〜8mm厚さに切って器に盛る。

2 万能ねぎを小口切りにしてかけ、Aを振って、ごま油、しょうゆをかける。

Part 2 _ あっという間にできる副菜　59

Recipe
31 ねぎハム
ハムや油のコクでねぎを食べやすく

⏱ 10分

材料（2人分）
ロースハム…4〜5枚（60g）
ねぎ…1本
A│ ごま油、ポン酢しょうゆ
 │ …各小さじ2
一味とうがらし…少々

1 ねぎは縦半分に切って斜め薄切りにし、冷水に5分ほどさらして水けをきる。ハムは5mm幅の細切りにする。

2 ボウルにAをまぜ、1を加えてざっくりとまぜる。器に盛り、一味とうがらしを振る。

Recipe
32 じゃことセロリの わかめサラダ
じゃこのうまみが調味料がわり

⏱ 10分

材料（2人分）
カットわかめ（乾燥）…5g
セロリ…1本（80g）
ちりめんじゃこ…大さじ2
A│ オリーブ油、しょうゆ…各大さじ1
 │ 酢…大さじ½

1 わかめはたっぷりの水に5分ほどひたしてもどし、水けをしぼる。セロリは筋をとって斜め薄切りにし、葉は小さめに刻む。

2 ボウルにAをまぜ、1、ちりめんじゃこを加えてあえる。

60

[電子レンジで]

Recipe
33 きのこのレンジマリネ
たっぷり作って、作りおきしておくと便利

🕐 10分 ＊冷ます時間は除く　🗄 冷蔵室で＿4~5日

材料（作りやすい分量）
- しめじ…2パック（200g）
- マッシュルーム…1パック（100g）
- ローリエ（あれば）…1枚
- A
    - オリーブ油…大さじ3
    - 塩…小さじ2/3
    - レモン汁…小さじ1/2

1 しめじは小房に分ける。マッシュルームは縦半分に切る。

2 耐熱ボウルにAをまぜ、ローリエ、1を加える。ふんわりとラップをかけ、電子レンジで3分30秒ほど加熱する。ざっとまぜ、冷めるまでおき、味をなじませる。

Recipe **34**

細切りにすることで、
手早く蒸しなすが完成！

中華蒸しなす

⏱ 10分

材料（2人分）

なす…3個（240ｇ）
A │ 砂糖、しょうゆ、酢、ごま油
　 │ 　…各大さじ1
いり白ごま…適量

1　なすは斜めに5㎜厚さに切ってから細切りにする。Aはまぜ合わせる。

2　耐熱皿になすを広げ入れ、Aを回しかける。ふんわりとラップをかけ、電子レンジで4分ほど加熱する。よくまぜて器に盛り、ごまを振る。

Recipe **35**　いもにソーセージのだしがからんで

コンソメポテマヨ

⏱ 15分

材料（2人分）

じゃがいも…2個（250ｇ）
ウインナソーセージ…2本
A │ マヨネーズ…大さじ1
　 │ 洋風スープのもと（顆粒）…小さじ1
　 │ こしょう…少々

1　じゃがいもは1.5㎝角に切ってさっと水にさらし、水けをきる。ソーセージは1㎝厚さの小口切りにする。

2　直径約18㎝の耐熱ボウルにAをまぜ、1を加えてまぜる。ふんわりとラップをかけ、電子レンジで6分ほど加熱する。好みでパセリのみじん切りをまぜても。

Recipe 36

たらこ、バター、こぶのとり合わせで、調味料いらず

たらこバターにんじん

🕐 10分　📅 冷蔵室で_4~5日

材料（2人分）
にんじん…1本
たらこ…大½腹（50g）
塩こぶ…5g
バター…15g

1. にんじんはスライサーでせん切りにする。たらこは薄皮を除いてほぐす。

2. 耐熱皿ににんじんを入れ、塩こぶ、たらこを散らし、バターをちぎってのせる。ふんわりとラップをかけ、電子レンジで3分30秒ほど加熱する。たらこをほぐしながらまぜる。

Part 2 _ あっという間にできる副菜　63

[フライパン・なべ1つで]

Recipe
37

アボカドを合わせ、ねっとり濃厚な味わいに
キャベツのアボカドあえ

🕐 なべで_10分

材料（2人分）
キャベツ…1/4個（250ｇ）
アボカド…小1個
A ｜ ねりわさび…小さじ2/3
　｜ オリーブ油…大さじ1
　｜ しょうゆ…小さじ2

1　キャベツは太い軸を切り落とし、一口大に切る。なべに湯を沸かし、キャベツをさっとゆで、ざるに上げて冷まし、水けを軽くしぼる。Aはまぜ合わせる。

2　アボカドは種、皮を除いてボウルに入れ、フォークであらくつぶす。キャベツを加え、あえる。器に盛り、Aをかける。

Recipe **38** ナッツの弾ける食感をアクセントに
にんじんの
ナッツきんぴら

- フライパンで _ 15分
- 冷蔵室で _ 4〜5日

材料（2人分）

<u>にんじん</u>…1本
<u>くるみ</u>…30g
A ┌ 赤とうがらしの小口切り…½本分
　└ 砂糖、しょうゆ…各大さじ1
ごま油…小さじ1

1. にんじんは縦4等分に切り、6cm長さくらいの細長い乱切りにする。くるみは半分に割る。Aはまぜ合わせる。

2. フライパンににんじん、水½カップを入れてふたをし、6分ほど蒸しゆでにする。ふたをとり、余分な水分をとばし、ごま油、くるみを加えてまぜ、Aを加え、いため合わせる。

Recipe **39** おかかをINして、だしとり不要
しめじと青菜の
おかか煮びたし

- なべで _ 10分

材料（2人分）

<u>しめじ</u>…1パック
<u>小松菜</u>…1束（200g）
A ┌ 削り節…1袋（3g）
　│ みりん…大さじ1
　│ しょうゆ…大さじ½
　└ 塩…小さじ½

1. しめじは小房に分ける。小松菜は5cm長さに切る。

2. なべに水1カップ、Aを入れてまぜ、火にかける。煮立ったら1を加え、ときどき大きくまぜ、しんなりとするまで5分ほど煮る。

65

Recipe **40** 磯の香り漂うあえ衣で変化を
ブロッコリーの のりごまあえ

⏱ なべで _ 10分

材料（2人分）
ブロッコリー…小1個（200g）
塩…少々
A｜のりのつくだ煮…大さじ1
　｜すり黒ごま…大さじ½
　｜ごま油…大さじ1
　｜塩…少々

1. ブロッコリーは小房に分け、軸は皮を厚めにむいて5㎜厚さに切る。なべに湯を沸かして塩を加え、ブロッコリーを2分30秒ほどゆでる。ざるに上げ、水けをきる。

2. ボウルにAをまぜ、ブロッコリーを加えてあえる。

Recipe **41** 味がしみたはるさめをからめて
トマトとはるさめの 中華サラダ

⏱ なべで _ 10分

材料（2人分）
トマト…小2個（250g）
はるさめ…50g
A｜しょうゆ…大さじ2
　｜砂糖、酢、ごま油
　｜　…各大さじ1

1. はるさめはたっぷりの熱湯で袋の表示どおりにゆでる。冷水にとって冷まし、水けをきって食べやすい長さに切る。トマトは8等分のくし形切りにする。

2. ボウルにAをまぜ、はるさめを加えてよくあえる。味がなじんだら、トマトを加えてまぜる。

66

Recipe

42 ボイルドベーコンのホットサラダ

にんにく風味のマヨソースで、食べごたえアップ

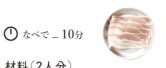

⏱ なべで_10分

材料（2人分）
- ベーコン…4枚
- キャベツ…大¼個（300ｇ）
- 塩…少々
- A
  - にんにくのすりおろし…少々
  - マヨネーズ…大さじ1½
  - 牛乳…大さじ1
  - マスタード…小さじ½

1 キャベツは一口大に切る。ベーコンは長さを半分に切る。Aはまぜ合わせる。

2 なべに湯を沸かして塩を加え、キャベツとベーコンを入れてさっとゆでる。ざるに上げ、水けをよくきる。器に盛り、Aをかける。

Part 2 _ あっという間にできる副菜　67

Part 3 _

ときには平日めんだけ、丼だけ

**時間も手間もかからず、
ボリューム満点のめんや丼なら、
一皿で満足できる**

疲れてくたくたなときは、一皿完結のメニューがおすすめです。
スパゲッティと具材をいっしょにゆで、湯を捨てたなべに戻してあえるだけ。
ゆでずにレンジ加熱でOKの冷凍うどんやあたたかいごはんに、
さっといためた具をのせるだけ。
これならささっと作れて、文句なしの食べごたえ。
一皿ゆえに、あと片づけがラクなところもうれしい限りです。
平日のうちの1、2日をこんなメニューにするだけで、
ごはん作りに向かう気持ちが格段にラクになるものです。

[あえるだけパスタ] p.70

[のっけうどん] p.74

[のっけ丼] p.77

[あえるだけパスタ]

Recipe
43

豚バラときのこ、トマトのめんつゆパスタ

トマトは生のまま加え、フレッシュ感を生かして。
ゆで汁を加えて、めんつゆ味をパスタ全体にからませます。

なべで_15分

材料（2人分）
豚バラ薄切り肉…150g
しめじ…1パック（100g）
トマト…1個（150g）
スパゲッティ…160g
塩…適量
A｜めんつゆ（3倍濃縮）…大さじ1½
　｜オリーブ油…大さじ1
　｜塩…少々
あらびき黒こしょう…少々

1 下ごしらえをする
しめじは小房に分ける。トマトは小さめの一口大に切る。豚肉は5cm長さに切る。

2 ゆでる
なべにたっぷりの湯を沸かして塩（湯2ℓに大さじ1が目安）を入れ、スパゲッティを袋の表示どおりにゆでる。途中、ゆで汁大さじ4をとり分け、ゆで上がる3分前に豚肉を加え、肉の色が変わったらしめじを加え(a)、いっしょにゆでる。

3 あえる
ざるに上げて湯をきり、なべにスパゲッティと豚肉、しめじを戻し入れる。A、トマト、2のゆで汁を加え(b)、あえる。器に盛り、こしょうを振る。

Part 3 _ ときには平日めんだけ、丼だけ　71

Recipe
44

うまみ満点のさば缶には、ポン酢のさっぱり味が好相性

さば缶と水菜のごまポンパスタ

🕐 なべで _ 15分

材料（2人分）
さば水煮缶…1缶（200ｇ）
水菜…½束（100ｇ）
卵黄…2個分
スパゲッティ…160ｇ
塩…適量
A ｜ ポン酢しょうゆ…大さじ3
　 ｜ ごま油…大さじ1
いり白ごま…適量

1 水菜は5cm長さに切る。さば水煮は缶汁をきり、あらくほぐす。

2 なべにたっぷりの湯を沸かして塩（湯2ℓに大さじ1が目安）を入れ、スパゲッティを袋の表示どおりにゆでる。途中、ゆで汁大さじ4をとり分け、ゆで上がる1分前に水菜を加え、いっしょにゆでる。

3 ざるに上げて湯をきり、なべにスパゲッティと水菜を戻し入れる。A、さば、2のゆで汁を加え、あえる。器に盛って卵黄をのせ、ごまを振る。

Recipe 45

かさが減らない野菜をチョイスして、ボリュームアップ

ツナとポテト、ブロッコリーの和風パスタ

⏱ なべで_15分

材料（2人分）
<u>ツナ缶</u>（オイル漬け）…小1缶（約70g）
<u>じゃがいも</u>…1個（150g）
<u>ブロッコリー</u>…⅓個（100g）
スパゲッティ…160g
塩…適量
オリーブ油、しょうゆ…各大さじ1

1 じゃがいもは5mm厚さのいちょう切りにする。ブロッコリーは小さめの小房に分ける。ツナは缶汁をきる。

2 なべにたっぷりの湯を沸かして塩（湯2ℓに大さじ1が目安）を入れ、スパゲッティを袋の表示どおりにゆでる。途中、ゆで汁大さじ4をとり分け、ゆで上がる5分前にじゃがいもを、3分前にブロッコリーを加え、いっしょにゆでる。

3 ざるに上げて湯をきり、なべにスパゲッティとじゃがいも、ブロッコリーを戻し入れる。ツナ、オリーブ油、しょうゆ、2のゆで汁を順に加え、あえる。

[のっけうどん]

Recipe 46 バタポンチキンのっけうどん

コクはありつつ、あと味さっぱり。コーンの食感も◎

🕐 電子レンジ、フライパンで＿15分

材料（2人分）

鶏もも肉…1枚（250g）
レタス…2枚（100g）
コーン缶（ホール）…1缶（正味120g）
冷凍うどん…2玉
塩…小さじ¼
A｜にんにくのすりおろし…少々
　｜ポン酢しょうゆ…大さじ3
　｜砂糖…大さじ1
B｜めんつゆ（3倍濃縮）…大さじ3
　｜水…½カップ
サラダ油…小さじ1
バター…15g

1 レタスは細切りにする。コーンは缶汁をきる。鶏肉は小さめの一口大に切り、塩を振る。A、Bはそれぞれまぜ合わせる。

2 冷凍うどんは袋の表示どおりに電子レンジで加熱し、冷水にとって冷ます。水けをきり、器に盛り、レタスをのせる。

3 フライパンにサラダ油を熱し、鶏肉を3〜4分いためる。コーン、A、バターを加えて照りよくからめる。2にのせ、Bをかける。

Recipe 47

まろやかな豆乳つゆに、キムチが味のアクセント

冷製豆乳つゆの豚こまキムチうどん

⏱ 電子レンジ、フライパンで＿15分

材料（2人分）
- <u>豚こまぎれ肉</u>…120g
- <u>白菜キムチ</u>（カットタイプ）…80g
- <u>きゅうり</u>…1本
- 冷凍うどん…2玉
- しょうゆ…大さじ½
- A
  - 豆乳（成分無調整）…1カップ
  - みそ…大さじ1
  - 塩…ひとつまみ
- サラダ油…小さじ1
- いり白ごま…適量

作り方

1. きゅうりは斜め薄切りにしてから細切りにする。Aはまぜ合わせる。

2. うどんは袋の表示どおりに電子レンジで加熱し、冷水にとって冷ます。水けをきり、器に盛る。

3. フライパンにサラダ油を熱し、豚肉を色が変わるまでいためる。キムチ、しょうゆを加えてさっといため合わせ、きゅうりとともに2にのせる。Aをかけ、ごまを振る。

Part 3 ＿ ときには平日めんだけ、丼だけ　75

Recipe 48

かに玉がとろりとしたところを逃さず召し上がれ!

とろとろかに玉のぶっかけうどん

⏱ 電子レンジ、フライパンで 15分

材料(2人分)
卵…4個
かに風味かまぼこ…70g
もやし…1袋(200g)
冷凍うどん…2玉
塩…適量
こしょう…少々
A ┃ しょうゆ…大さじ2½
　┃ 酢、砂糖…各大さじ1½
　┃ 鶏ガラスープのもと…小さじ1
　┃ ごま油…少々
　┃ 水…1¼カップ
サラダ油…大さじ2½

1 かにかまはあらくほぐす。ボウルに卵をときほぐし、塩少々、こしょう、かにかまを加えてまぜる。Aはまぜ合わせる。

2 うどんは袋の表示どおりに電子レンジで加熱し、冷水にとって冷ます。水けをきり、器に盛る。

3 フライパンにサラダ油大さじ½を強めの中火で熱し、もやしをさっといためて塩少々を振り、2にのせる。同じフライパンにサラダ油大さじ2を強めの中火で熱し、卵液を入れて大きくまぜ、半熟になったら火を止める。2にのせ、Aをかける。

[のっけ丼]

Recipe **49**

こってり味のたれがごはんによくしみ、おいしさ倍増

鶏肉とにらのたれだくチャンプルー丼

⏱ フライパンで＿10分

材料（2人分）
鶏もも肉…1枚（250g）
にら…1束
玉ねぎ…½個
あたたかいごはん…適量
塩…少々
A ┃ オイスターソース…大さじ1
　 ┃ 砂糖、しょうゆ…各小さじ2
　 ┃ かたくり粉…ひとつまみ
　 ┃ 水…大さじ3
サラダ油…大さじ½

1　にらは4cm長さに切り、玉ねぎは横に1cm厚さに切る。鶏肉は小さめの一口大に切り、塩を振る。Aはまぜ合わせる。

2　フライパンにサラダ油を熱し、鶏肉、玉ねぎを入れて3〜4分いためる。肉に火が通ったらにらを加えてさっといためる。Aを加え、照りよくからめる。

3　器にごはんを盛り、2をたれごとのせる。

Part 3 _ ときには平日めんだけ、丼だけ　　77

Recipe
50 ミニトマ牛丼

トマトの甘ずっぱさが合わさったおいしさを、ぜひ

🍳 フライパンで_10分

材料（2人分）
牛こまぎれ肉…180ｇ
ミニトマト…10個
あたたかいごはん…適量
A ┃ しょうゆ…大さじ3
　┃ 砂糖…大さじ2
　┃ 水…大さじ4

1　ミニトマトは縦半分に切る。

2　フライパンにAをまぜ合わせ、火にかける。煮立ったら牛肉を加え、ほぐしながら肉の色が変わるまで煮る。ミニトマトを加え、軽く煮くずれるくらいまで煮る。

3　器にごはんを盛り、2を煮汁ごとのせる。

Recipe 51

さっぱりケチャップ味で、まちがいなくごはんがすすむ

ひき肉ともやしのケチャポンライス

🍳 フライパンで _ 10分

材料（2人分）
<u>合いびき肉</u>…150ｇ
<u>もやし</u>…1袋（200ｇ）
あたたかいごはん…適量
A ┃ トマトケチャップ…大さじ3
　 ┃ ポン酢しょうゆ…大さじ1½
オリーブ油…大さじ½

1 Aはまぜ合わせる。

2 フライパンにオリーブ油を熱し、ひき肉を入れ、ほぐしながらいためる。肉の色が変わったらもやしを加え、強火にしてさっといためる。Aを加え、手早くいため合わせる。

3 器にごはんを盛り、2をのせる。好みでパセリの葉先をちぎって振っても。

Part 3 _ ときには平日めんだけ、丼だけ　79

Column

疲れていてもこれなら作れる 夜遅めん

帰りが夜遅くなり、作るのがめんどう…。そんなときは、家にあるもので無理なく作れてペコペコのおなかを満たしてくれるめんの出番。スピード勝負のレシピです。

Recipe 52

赤しそと粉チーズの組み合わせが絶妙
釜あげ赤しそチーズパスタ

⏱ 10分

材料（2人分）
スパゲッティ…160g
粉チーズ…大さじ3
赤しそふりかけ
　　…大さじ½
塩…適量
オリーブ油…適量

1 なべにたっぷりの湯を沸かし、塩（湯2ℓに大さじ1が目安）を入れ、スパゲッティを袋の表示より1分短めにゆでる。途中、ゆで汁大さじ4をとり分ける。

2 スパゲッティの湯をきって器に盛り、ゆで汁を大さじ2ずつかける。粉チーズ、赤しそふりかけを半量ずつ振り、オリーブ油をかける。

Recipe 53

風味満点のにらだれが、食欲を刺激する
にらだれうどん

⏱ 10分

材料（2人分）
冷凍うどん…2玉
にら…½束（50g）
A ｜ いり黒ごま
　　　…大さじ1
　｜ しょうゆ
　　　…大さじ2
　｜ ごま油…大さじ1
　｜ 砂糖…大さじ½

1 にらは小口切りにする。

2 ボウルにAをまぜ合わせ、にらを加えてまぜ、しんなりとするまでおく。

3 うどんは表示どおりに電子レンジで加熱し、冷水にとって冷ます。2に加えてあえ、器に盛る。

Part 4_
さっと作れる
ごほうび
つまみ

お酒と好相性の
手軽なひと品で
家飲み時間を楽しむ

がんばった自分のごほうびに、
ちょっと家飲みしたい気分。
そんなときにぜひ作ってほしい
おつまみをご紹介します。
お酒によく合うのはもちろん、
飲みたいときに
すぐ作れる手軽さが決め手。
おいしいおつまみとお酒で、
ゆるゆると楽しい時間をどうぞ。

Recipe 54

ねぎ×おかか×一味の意外な組み合わせにハマる

ねぎモッツァレラ

🕐 5分

材料（2人分）
モッツァレラチーズ…1個（100g）
ねぎ…⅓本
削り節…適量
オリーブ油、しょうゆ…各小さじ1
一味とうがらし…適量

1. ねぎは薄い小口切りにして冷水にさらし、パリッとしたら水けをよくきる。

2. モッツァレラは8等分の輪切りにし、器に盛る。削り節、ねぎをのせ、オリーブ油、しょうゆをかけ、一味とうがらしを振る。

Recipe 55

とうふをこんがり焼いて、香ばしさを引き出す

小松菜とくずしどうふのチャンプルー

⏱ フライパンで _ 10分　＊水きりの時間は除く

材料（2人分）
木綿どうふ…1丁（300ｇ）
小松菜…1束（200ｇ）
塩こぶ…10ｇ
塩…ひとつまみ
しょうゆ…大さじ½
サラダ油…大さじ½

1 とうふはキッチンペーパーで包んで同じ重さくらいの重しをのせ、15分ほどおいて水きりする。一口大にちぎって塩を振る。小松菜は5㎝長さに切る。

2 フライパンにサラダ油を熱してとうふを入れ、ところどころこんがりとするまで、上下を返しながら3分ほど焼く。小松菜を加えてさっといため、塩こぶ、しょうゆを加えていため合わせる。

Recipe

56 ちくわの甘辛マヨいため

マヨのコクが加わった甘辛味がビールにぴったり

🕐 フライパンで＿10分

材料（2人分）
ちくわ…4本
A ┃ マヨネーズ…大さじ½
　┃ 砂糖、みりん、しょうゆ…各小さじ1
サラダ油…小さじ1
いり白ごま…適量

1　ちくわは縦半分に切り、長さを半分に切る。Aはまぜ合わせる。

2　フライパンにサラダ油を熱し、ちくわをいためる。全体に焼き色がついたらAを加え、さっといためる。器に盛ってごまを振り、好みで青じそをちぎってのせる。

Recipe 57

具は豆苗のみ！カリッとした食感がたまらない

豆苗チヂミ

🕐 フライパンで _ 10分

材料（3〜4人分）
豆苗…1パック
A ┃ とき卵…1個分
　┃ 小麦粉…½カップ
　┃ かたくり粉…大さじ3
　┃ 塩…小さじ¼
　┃ 水…大さじ5
ごま油…大さじ3

1 豆苗は3cm長さに切る。ボウルにAをまぜ、豆苗を加えてまぜる。

2 フライパンにごま油大さじ1½を熱し、1を平らに広げ入れ、2〜3分焼く。こんがりと焼き色がついたら上下を返し、残りの油をフライパンの縁から流し入れ、2分ほど焼く。食べやすく切って器に盛り、好みで酢じょうゆやコチュジャンを添える。

Recipe 58

きのこやにんにくの香りが移ったオイルに
バゲットをひたして

エリンギのアヒージョ

🕐 スキレット（またはフライパン）で _ 10分

材料（2人分）
エリンギ…2本
にんにく…½かけ
赤とうがらし…1本
オリーブ油…大さじ4
塩…小さじ½
バゲット…適量

1 エリンギは長さを半分に切り、縦に四つに手で裂く。赤とうがらしは種を除く。

2 スキレット（または小さめのフライパン）にオリーブ油、にんにく、赤とうがらしを入れて弱火にかける。フツフツとしてきたらエリンギを加えて塩を振り、ときどき上下を返しながら2〜3分煮る。スライスしたバゲットを添える。

Recipe 59 焼きかま

こんがり焼けた独特の食感が新鮮

フライパンで_5分

材料（2人分）
かまぼこ…6cm分
サラダ油…大さじ1
トマトケチャップ…適量

1 かまぼこは1cm幅に切る。

2 小さめのフライパンにサラダ油を熱し、かまぼこを並べ入れる。ときどき上下を返しながら、こんがりと焼き色がつくまで焼く。器に盛り、ケチャップを添える。好みでレモンをしぼっても。

Recipe 60 まぐろのユッケ風

卵黄をからめ、マイルドな韓国風ピリ辛味に

5分

材料（2人分）
まぐろ赤身（切り落とし・刺し身用）
　…150g
卵黄…1個分
いり白ごま…適量
A｜しょうゆ、ごま油…各小さじ2
　｜コチュジャン…小さじ1

1 ボウルにAをまぜ合わせ、まぐろを加えてあえる。

2 器に盛って卵黄をのせ、ごまを振る。

Part 4 _ さっと作れるごほうびつまみ

Column

かんたんだから つまみ献立

ちょこちょこつまみながらお酒を飲みたいときは、小皿メニューを組み合わせた献立に。
その日の気分やお酒に合わせてジャンルを統一すれば、お店みたいな気分が楽しめます。

居酒屋風

甘辛味の手羽、油揚げをアレンジした創作ピザをメインに、
サブ2品は口直しと野菜補給メニューとしてあっさりめに。
ヘルシー系つまみにビールを合わせ、居酒屋気分を味わって。

Recipe 61

油揚げを生地に見立てて、ピザ風にアレンジ

油揚げの和風ピザ

🕐 オーブントースターで＿10分

材料（2人分）

油揚げ…1枚
チャーシュー（市販)…2枚
ねぎ…⅛本
マヨネーズ、刻みのり…各適量

1 チャーシューは食べやすい大きさに切り、ねぎ
　は斜め薄切りにする。
2 油揚げはキッチンペーパーではさんで押さえて
　余分な油をふき、アルミホイルを敷いたトレー
　にのせる。1を散らし、マヨネーズをしぼる。
　予熱したオーブントースターでこんがりとする
　まで5〜6分焼く。
3 食べやすく切って器に盛り、のりをのせる。

Recipe 62

塩こぶのうまみが調味料としても活躍

やみつきキャベツ

🕐 5分

材料（2人分）

キャベツ…2〜3枚（100g）
塩こぶ…大さじ1
万能ねぎ…3本

A ┃ にんにくのすりおろし、
　┃ 　こしょう…各少々
　┃ ごま油…大さじ½
　┃ 鶏ガラスープのもと、みりん
　┃ 　…各小さじ⅓
　┃ 塩…ひとつまみ

1 キャベツは軸を切り落として一口大に切り、冷
　水につけ、水けをよくきる。万能ねぎは5cm長
　さに切る。
2 ボウルにAをまぜ合わせ、1、塩こぶを加えて
　さっとあえる。

Recipe 63

マーマレードで深みのある甘辛味に

手羽のマーマレード焼き

🕐 フライパンで＿10分

材料（2人分）

鶏手羽中（スペアリブ)…12本
塩、あらびき黒こしょう…各少々

A ┃ オレンジマーマレードジャム…大さじ1½
　┃ しょうゆ…大さじ1

サラダ油…小さじ1

1 手羽中は塩、こしょうをすり込む。Aはまぜ合
　わせる。
2 フライパンにサラダ油を熱し、手羽中の皮目を
　下にして並べる。4分ほど焼き、こんがりと焼
　き色がついたら上下を返し、ふたをして弱火で
　3〜4分蒸し焼きにする。
3 フライパンの余分な脂をキッチンペーパーでふ
　き、Aを加え、照りよくからめる。

Recipe 64

ごく薄く切ったかまぼこの食感が新鮮

かまぼこと三つ葉の
わさびじょうゆ

🕐 なべで＿5分

材料（2人分）

かまぼこ…½本（70g）
三つ葉…1株（正味15g）

A ┃ ねりわさび…小さじ¼
　┃ しょうゆ…小さじ1

1 かまぼこはできるだけ薄く切る。三つ葉は茎と
　葉に分ける。Aはまぜ合わせる。
2 なべに湯を沸かし、三つ葉の茎をさっとゆで、
　冷水にとって水けをきり、2cm長さに切る。
3 ボウルに2、かまぼこ、三つ葉の葉を入れてさ
　っくりとあえる。器に盛り、Aをかける。

バル風

ソーセージ、ハム、卵、玉ねぎといった、家によくある食材に、
ほんのひと手間を加えるだけで作れます。
ワインによく合う、おしゃれな小皿料理を並べて乾杯！

Recipe 65

レモンの酸味と香りでおいしさアップ

ソーセージのレモンいため

🕐 フライパンで _ 5分

材料（2人分）

ウインナソーセージ…4本
レモン（国産）…⅙個
A｜トマトケチャップ…大さじ½
　｜バジル（乾燥）…ひとつまみ
オリーブ油…小さじ1

1　ソーセージは縦半分に、レモンは薄いいちょう切りにする。
2　フライパンにオリーブ油を熱し、ソーセージをいためる。焼き色がついたらAを加えていため、全体にからんだらレモンを加えてさっといため合わせる。

Recipe 66

こんがり焼いて、甘みを引き出して

オニオンステーキ

🕐 フライパンで _ 10分

材料（2人分）

玉ねぎ…小1個
A｜にんにくのすりおろし…少々
　｜しょうゆ…小さじ2
オリーブ油…小さじ1
バター…5g
あらびき黒こしょう…少々

1　玉ねぎは4等分の輪切りにし、バラけないようにつまようじを刺す。Aはまぜ合わせる。
2　フライパンにオリーブ油を強めの中火で熱し、玉ねぎを入れ、両面に焼き色がつくまで計4分ほど焼いてとり出す。つづけてバター、Aを入れてひと煮立ちさせ、玉ねぎにかけ、こしょうを振る。

Recipe 67

かんたんに作れて、見ばえもよし

デビルドエッグ

🕐 5分

材料（2人分）

ゆで卵…2個
ツナ缶…大さじ1
ピクルスのあらいみじん切り…大さじ½
A｜マヨネーズ…大さじ½
　｜塩、こしょう…各少々

1　ゆで卵は殻をむき、縦半分に切り、黄身をとり出す。
2　黄身はあらくつぶし、缶汁をきったツナ、ピクルス、Aをまぜ、白身のくぼみに盛りつける。好みでパセリのみじん切りを振っても。

Recipe 68

生ハムの塩けが生野菜によく合う

生ハムの野菜ロール

🕐 5分

材料（2人分）

生ハム…3枚
きゅうり…½本
クレソン…½束
オリーブ油…適量
塩…少々

1　生ハムは細長くなるように半分に切る。きゅうりはせん切りにし、クレソンは葉を摘む。
2　生ハム1切れに、きゅうりとクレソンの⅙量ずつをのせて巻き、器に盛る。オリーブ油をかけ、塩を振る。

韓国風

飲みながらでも作れるくらいの気軽さがうれしい、
シンプルながら栄養バランスもいいつまみ献立を考えました。
メリハリのある韓国テイストは、どんなお酒にもぴったりです。

Recipe 69

味つきのりで巻くだけで、このおいしさ！
アボカドの韓国のり巻き

🕐 5分

材料（2人分）
アボカド…½個
韓国のり（カットタイプ）…6枚
A｜コチュジャン…小さじ1
　｜マヨネーズ…小さじ1

1 アボカドは6等分に切り、1切れずつのりを巻く。
2 器に盛り、まぜ合わせたAを添える。

Recipe 70

子どもも喜ぶ楽しいカリカリ食感
ささ身チップス

🕐 フライパンで＿10分

材料（2人分）
鶏ささ身（筋なし）…2本
かたくり粉…適量
揚げ油…適量
塩、あらびき黒こしょう…各少々

1 ささ身は一口大の薄いそぎ切りにする。ラップではさみ、めん棒でたたいて薄くのばし、かたくり粉をまぶす。
2 フライパンに揚げ油を1cm深さまで入れて180度に熱し、1をときどき上下を返しながら3分〜3分30秒揚げる。油をきって器に盛り、塩、こしょうを振る。好みで青じそを添えても。

Recipe 71

発酵食品のダブルのうまみでおいしさ倍増
納豆キムチ卵いため

🕐 フライパンで＿10分

材料（2人分）
納豆…1パック
納豆に添付のたれ…1袋
卵…3個
白菜キムチ（カットタイプ）…50g
しょうゆ…小さじ½
ごま油…大さじ1

1 納豆はたれをまぜる。ボウルに卵を割りほぐし、納豆、キムチをまぜる。
2 フライパンにごま油を強めの中火で熱し、1を流し入れる。木べらで大きくまぜていため、半熟になったらしょうゆを振り、ひとまぜする。

Recipe 72

コチュジャンベースのピリ辛味にやみつき
韓国風とうふサラダ

🕐 5分

材料（2人分）
木綿どうふ…½丁
サニーレタス…2〜3枚
A｜コチュジャン…小さじ2
　｜しょうゆ、酢、砂糖…各小さじ1
　｜ごま油…小さじ½

1 とうふは大きめの一口大にちぎり、キッチンペーパーで水けをふく。サニーレタスは一口大にちぎる。Aはまぜ合わせる。
2 器にサニーレタス、とうふを盛り合わせ、Aをかける。好みでごまを振っても。

\きょう何作る？／

家にあるもので作れるおかずリスト

いま家にある野菜や卵、とうふ、ストック食材などでどんなおかずが作れるか、
パッと見てわかるようにリストアップしました。比較的日もちがして便利で
使いやすい食材ばかりなので、買い出しの際のリストとしてもお役立てください。

＊肉の種類別に主菜を探したい場合は、part1を参照してください。

［ 野菜 ］ ＊果実・きのこを含む

アボカド

アボカドの韓国のり巻き ………… 93
キャベツのアボカドあえ ………… 64

きのこ

エリンギのアヒージョ ………… 86
きのこのレンジマリネ ………… 61
しめじと青菜のおかか煮びたし … 65
鶏肉ときのこの中華うま煮 … 54
豚バラときのこ、
　　トマトのめんつゆパスタ … 71

キャベツ・紫キャベツ

キャベツのアボカドあえ ………… 64
豚こまのチーズしょうが焼き … 18
豚バラ肉とキャベツの
　　ワンパン蒸し ………… 29
ボイルドベーコンのホットサラダ … 67
紫キャベツのレモンじょうゆマリネ … 58
やみつきキャベツ ………… 89

きゅうり

生ハムの野菜ロール ………… 91
豚バラ肉ときゅうりの
　　オイスターいため ………… 28
蒸し鶏ときゅうりの梅ナムル … 49
冷製豆乳つゆの
　　豚こまキムチうどん ………… 75

小松菜

小松菜とくずしどうふの
　　チャンプルー ………… 83
しめじと青菜のおかか煮びたし … 65
豚こまのわかめいため ………… 19

じゃがいも

コンソメポテマヨ ………… 62
ツナとポテト、ブロッコリーの
　　和風パスタ ………… 73
鶏肉とじゃがいものトマト蒸し … 44
のり塩ポテトチキンいため … 54

セロリ

じゃことセロリのわかめサラダ … 60

大根

豚つくねと大根のしょうゆ煮 … 36

玉ねぎ

オニオンステーキ ………… 91
鶏肉とにらの
　　たれだくチャンプルー丼 … 77

豆苗

豆苗チヂミ ………… 85

トマト・ミニトマト

トマトとはるさめの中華サラダ … 66
鶏肉とじゃがいものトマト蒸し … 44
豚バラときのこ、
　　トマトのめんつゆパスタ … 71
ミニトマ牛丼 ………… 78

なす

中華蒸しなす ………… 62
なすの和風みそマーボー ………… 31
豚こまとなすのカレートマト煮 … 18
豚バラ肉となすの重ね蒸し
　　中華ピリ辛だれ ………… 23

にら

鶏肉とにらの
　　たれだくチャンプルー丼 … 77
にらだれうどん ………… 80

にんじん

たらこバターにんじん ………… 63
鶏肉とにんじんのうまみ煮 … 45
にんじんのナッツきんぴら … 65

ねぎ・万能ねぎ

とうふのねぎチーズまみれ ………… 59
ねぎ塩ほろほろゆで鶏 ………… 44
ねぎハム ………… 60
ねぎモッツァレラ ………… 82
豚つくねと大根のしょうゆ煮 … 36
豚バラのレモンねぎ塩焼き肉 … 28

ピーマン・パプリカ

鶏肉とピーマンの
　　マヨしょうゆいため ………… 45
豚こまとパプリカの甘ポンいため … 13

ブロッコリー

ツナとポテト、ブロッコリーの
　　和風パスタ ………… 73
ブロッコリーの
　　中華塩そぼろいため ………… 37
ブロッコリーののりごまあえ … 66

水菜

さば缶と水菜のごまポンパスタ … 72
水菜の肉巻き
　　めんつゆバターソース ………… 29

もやし

とろとろかに玉の
　ぶっかけうどん ･･････････76
ひき肉ともやしの
　ケチャポンライス ･･････････79

レタス・サニーレタス

韓国風とうふサラダ ･･････････93
バタポンチキンのっけうどん ･･74
ひき肉とレタスの塩こぶいため ･･36
レタスのごましらすのっけ ･････59

[卵]

さば缶と水菜のごまポンパスタ ･･72
チキンピカタ ･･･････････55
デビルドエッグ ･･･････････91
豆苗チヂミ ･･･････････85
とろとろかに玉の
　ぶっかけうどん ･･････････76
とろとろ卵の
　ケチャップミートソース ･･････37
納豆キムチ卵いため ･･･････93
豚バラ肉とゆで卵の甘辛煮 ･････20
まぐろのユッケ風 ･･･････87

[とうふ・豆加工品]

油揚げ

油揚げの和風ピザ ･･･････89

とうふ

韓国風とうふサラダ ･･･････93
小松菜とくずしどうふの
　チャンプルー ･･･････････83
とうふのねぎチーズまみれ ･･････59

納豆

納豆キムチ卵いため ･･･････93

[キムチ]

納豆キムチ卵いため ･･･････93
冷製豆乳つゆの
　豚こまキムチうどん ･･････75

[肉加工品]

ウインナソーセージ

コンソメポテマヨ ･･･････62
ソーセージのレモンいため ･････91

チャーシュー

油揚げの和風ピザ ･･･････89

ベーコン

ボイルドベーコンのホットサラダ ･･67

ロースハム・生ハム

生ハムの野菜ロール ･･･････91
ねぎハム ･･･････････60

[魚加工品]

かに風味かまぼこ

とろとろかに玉の
　ぶっかけうどん ･･････････76

かまぼこ

かまぼこと三つ葉のわさびじょうゆ ･･89
焼きかま ･･･････････87

しらす干し・ちりめんじゃこ

じゃことセロリのわかめサラダ ･･60
レタスのごましらすのっけ ･････59

たらこ

たらこバターにんじん ･･････63

ちくわ

ちくわの甘辛マヨいため ･･････84

[チーズ]

釜あげ赤しそチーズパスタ ･････80
豚こまのチーズしょうが焼き ･･･18
ねぎモッツァレラ ･･･････82

[缶詰]

さば水煮缶

さば缶と水菜のごまポンパスタ ･･72

ツナ缶

ツナとポテト、ブロッコリーの
　和風パスタ ･･･････････73
デビルドエッグ ･･･････････91

トマト缶

豚こまとなすのカレートマト煮 ･･18

コーン缶

バタポンチキンのっけうどん ･･74

[乾物]

カットわかめ

じゃことセロリのわかめサラダ ･･60
豚こまのわかめいため ･･････19

はるさめ

トマトとはるさめの中華サラダ ･･66

[めん類]

スパゲッティ

釜あげ赤しそチーズパスタ ･････80
さば缶と水菜のごまポンパスタ ･･72
ツナとポテト、ブロッコリーの
　和風パスタ ･･･････････73
豚バラときのこ、
　トマトのめんつゆパスタ ･････71

冷凍うどん

とろとろかに玉の
　ぶっかけうどん ･･････････76
にらだれうどん ･･･････････80
バタポンチキンのっけうどん ･･74
冷製豆乳つゆの
　豚こまキムチうどん ･･････75

95

市瀬悦子　いちせえつこ

料理研究家、フードコーディネーター。おいしくて作りやすい家庭料理をテーマに、テレビ、雑誌、書籍など幅広い分野で活躍中。身近な材料を使い、豊富なアイデアを加えた料理が大人気。著書に『ほぼ10分べんとう』（主婦の友社）、『フライパンで10分！ごちそう煮込み』（学研プラス）、『基本調味料で作る鍋』（主婦と生活社）ほか多数。

公式サイト　http://www.e-ichise.com/
Instagram　@ichise_etsuko

あるものだけで作れる平日ごはん

2020年7月31日　第1刷発行

著　者　市瀬悦子
発行者　矢﨑謙三
発行所　株式会社 主婦の友社
　　　　〒112-8675
　　　　東京都文京区関口1-44-10
　　　　電話03-5280-7537(編集)
　　　　　　03-5280-7551(販売)
印刷所　大日本印刷株式会社

撮影　　　　　　澤木央子
　　　　　　　　（p.88〜92以外の再掲載分含む）
スタイリング　　阿部まゆこ
アートディレクション　中村圭介（ナカムラグラフ）
デザイン　　　　藤田佳奈、
　　　　　　　　鈴木茉弓（ナカムラグラフ）
構成・取材・文　田子直美
編集担当　　　　澤藤さやか（主婦の友社）

〈再掲載分〉
撮影　　　　　　佐山裕子（主婦の友社）
　　　　　　　　（p.88〜92）
スタイリング　　坂上嘉代
　　　　　　　　（p.88〜92）
　　　　　　　　中田裕子
　　　　　　　　（p.26,41,52,59〜67,78〜80,82〜83,85〜87下）

©Etsuko Ichise 2020 Printed in Japan
ISBN978-4-07-443281-3

Ⓡ〈日本複製権センター委託出版物〉
本書を無断で複写複製(電子化を含む)することは、著作権法上の例外を除き、禁じられています。本書をコピーされる場合は、事前に公益社団法人日本複製権センター(JRRC)の許諾を受けてください。また本書を代行業者等の第三者に依頼してスキャンやデジタル化することは、たとえ個人や家庭内での利用であっても一切認められておりません。
JRRC〈https://jrrc.or.jp eメール:jrrc_info@jrrc.or.jp 電話:03-3401-2382〉

■本書の内容に関するお問い合わせ、また、印刷・製本など製造上の不良がございましたら、主婦の友社（電話 03-5280-7537）にご連絡ください。
■主婦の友社が発行する書籍・ムックのご注文は、お近くの書店か主婦の友社コールセンター(電話 0120-916-892)まで。
＊お問い合わせ受付時間　月〜金(祝日を除く) 9:30〜17:30
主婦の友ホームページ　https://shufunotomo.co.jp/

●本書は『だけレシピ』（2018年刊）、『ラクうま献立』（2016年刊）で紹介したレシピも一部掲載しています。